P9-CMB-845

Connais-tu

Pierre-Esprit **Radisson**

Connais-tu ?

Pierre-Esprit **Radisson**

Textes : Johanne Ménard
Illustrations et bulles : Pierre Berthiaume

ÉDITIONS
MICHEL
QUINTIN

Catalogage avant publication de Bibliothèque et Archives nationales du Québec et Bibliothèque et Archives Canada

Ménard, Johanne, 1955-

Pierre-Esprit Radisson

(Connais-tu? ; 11)

Pour enfants de 8 ans et plus.

ISBN 978-2-89435-600-5

1. Radisson, Pierre-Esprit, 1636?-1710 - Ouvrages pour la jeunesse. 2. Coureurs de bois - Nord-Ouest canadien - Biographies - Ouvrages pour la jeunesse. 3. Explorateurs - Nord-Ouest canadien - Biographies - Ouvrages pour la jeunesse. I. Berthiaume, Pierre, 1956- . II. Titre. III. Collection: Connais-tu? ; 11.

FC3211.1.R33M46 2013   j971.01'6092   C2012-942269-X

Collaboration à la recherche: Simon Dunn
Collaboration aux idées de gags: Maude Ménard
Révision linguistique: Paul Lafrance
Conception graphique: Céline Forget
Infographie: Marie-Ève Boisvert

Le Conseil des Arts du Canada
The Canada Council for the Arts

SODEC
Québec

Patrimoine canadien   Canadian Heritage

La publication de cet ouvrage a été réalisée grâce au soutien financier du Conseil des Arts du Canada et de la SODEC.

De plus, les Éditions Michel Quintin reconnaissent l'aide financière du gouvernement du Canada par l'entremise du Fonds du livre du Canada pour leurs activités d'édition.

Gouvernement du Québec – Programme de crédit d'impôt pour l'édition de livres – Gestion SODEC

Tous droits de traduction et d'adaptation réservés pour tous les pays. Toute reproduction d'un extrait quelconque de ce livre, par procédé mécanique ou électronique, y compris la microreproduction, est strictement interdite sans l'autorisation écrite de l'éditeur.

ISBN 978-2-89435-600-5
Dépôt légal – Bibliothèque et Archives nationales du Québec, 2013
Bibliothèque et Archives Canada, 2013

© Copyright 2013

Éditions Michel Quintin
4770, rue Foster, Waterloo (Québec)
Canada J0E 2N0
Tél.:   450 539-3774
Téléc.: 450 539-4905
editionsmichelquintin.ca

1 2 - A G M V - 1

Imprimé au Canada

Né en France vers 1636, Pierre-Esprit Radisson arrive en Nouvelle-France en 1651. Il débarque à Trois-Rivières où il vient rejoindre ses sœurs.

Le fringant jeune homme de 15 ans est curieux de tout. Il devient vite un habile chasseur et apprend à connaître la manière de vivre des Algonquins, alliés des Français, qui demeurent autour de la bourgade.

Au printemps suivant, le jeune Radisson décide d'aller chasser au lac Saint-Pierre avec deux compagnons. Ses camarades rebroussent bientôt

chemin par peur des Iroquois, une nation très puissante qui s'oppose aux Français.

Sur le chemin du retour, Radisson fait une bien macabre découverte. Ses deux compagnons gisent au détour d'un sentier, sans vie, dénudés et scalpés.

Soudain, plusieurs hommes sautent sur le jeune
intrépide. Les Iroquois le font prisonnier, mais
l'épargnent.

Le retour au campement de la bande dure plusieurs jours. Radisson, poussé par la peur et l'instinct de survie, s'adapte du mieux qu'il peut.

On lui peint le visage en rouge, on le coiffe et on l'habille à l'iroquoise. On lui apprend à ramer sans s'exténuer, à chanter comme les autres guerriers et on lui confie même un couteau.

À l'arrivée au village iroquois, Radisson a d'abord peur d'être torturé comme d'autres captifs. Mais il est plutôt adopté par un couple respecté de la tribu,

qui voit en lui un substitut à son fils décédé. Comme celui-ci, il se nommera Orinha, qui signifie « pierre ».

Pendant les six semaines qui suivent, le jeune Blanc s'initie encore plus à la vie amérindienne. Il apprend à s'orienter en forêt, à perfectionner ses techniques

de chasse et à parler la langue de ses nouveaux compagnons. Un banquet est même donné pour fêter son adoption.

Comme on fait de plus en plus confiance à Radisson,
on le laisse partir à la chasse pour quelques jours
avec trois autres guerriers du village.

Un Algonquin rencontré dans la forêt le convainc de l'aider à tuer les trois Iroquois dans leur sommeil et de s'enfuir avec lui pour retourner à Trois-Rivières.

Les deux fuyards voyagent de nuit. Au bout de deux semaines, ils arrivent tout près du but. Impatients, ils pagaient en plein jour à découvert sur le grand lac Saint-Pierre. Repérés par des Iroquois aux aguets,

ils sont vite encerclés. L'Algonquin, mortellement touché par des balles, est décapité et son cœur est mangé. Radisson, à nouveau prisonnier, sait qu'il n'échappera pas à la torture cette fois.

Ramené au village de ses parents adoptifs, Radisson
est attaché à un poteau parmi d'autres prisonniers.
Il sait qu'il va souffrir atrocement et a peur de mourir.

Pendant plus de deux jours, il subit toutes sortes de supplices. On le frappe, on lui transperce un pied, on lui arrache des ongles, on lui enfonce le pouce dans une pipe brûlante.

Heureusement pour le jeune homme, ses parents adoptifs, en parlementant et en offrant des cadeaux, obtiennent qu'on lui laisse la vie sauve.

Reconnaissant, Radisson reprend sa place dans sa famille iroquoise et poursuit son apprentissage des mœurs amérindiennes.

Radisson regagne peu à peu la confiance de son entourage et participe même à des raids guerriers où il n'hésite pas à tuer lui aussi. Au cours d'une

expédition, il est accueilli avec ses compagnons à Fort Orange par les Hollandais. C'est alors qu'il est reconnu comme Blanc, malgré la peinture rouge dont est enduit son visage.

Le gouverneur de l'endroit lui offre de le racheter aux Amérindiens, mais Radisson refuse. C'est surtout parce qu'il ne veut rien devoir aux Hollandais,

ennemis des Français. Il est aussi tiraillé par la fidélité qu'il porte à ses parents adoptifs. De retour au village autochtone, le jeune homme regrette vite sa décision.

Radisson décide alors de s'enfuir, en n'emportant qu'une petite hache et un couteau pour ne pas éveiller les soupçons. Après deux jours de marche,

il se réfugie dans une ferme. Une escorte le ramène à Fort Orange.

Le jeune aventurier s'embarque pour l'Europe, puis revient en Nouvelle-France auprès de sa sœur Marguerite. Nous sommes en 1654.

Radisson a seulement 18 ans, mais il a déjà tout un bagage d'expériences qui vont faire de lui un habile coureur des bois.

En 1657, il est engagé comme interprète dans une expédition regroupant des missionnaires, des Français et des alliés hurons en route vers une bourgade au sud du lac Ontario.

En chemin, les Iroquois qui les escortent massacrent les Hurons. Au terme du parcours, le reste des voyageurs se retrouvent pris en otages dans le fort pour l'hiver.

On imagine un plan d'évasion. Celui-ci sera mis à exécution au printemps. Deux grands bateaux à fond plat sont construits en cachette. Le jour venu,

les Iroquois sont conviés à un grand festin près du fort. Radisson et quelques compagnons chantent et dansent pour faire du bruit pendant que les autres achèvent les préparatifs de l'évasion.

Une fois les invités repus et bien endormis, les Français prennent la fuite en silence. On prend soin de laisser un cochon attaché à la cloche de l'entrée du fort pour faire du bruit.

38

On dispose aussi des mannequins en haut de la palissade. Quelques jours passent avant que le subterfuge ne soit découvert. Les fuyards sont déjà loin!

De retour à Trois-Rivières, le jeune Radisson se rapproche de son beau-frère Médard Chouart Des Groseilliers, le deuxième mari de sa sœur. De 15 ans son aîné, Des Groseilliers a un tempérament plus

réfléchi. Ce coureur des bois aguerri a une solide expérience de la traite des fourrures. Tous deux vont devenir des complices indéfectibles et connaîtront des aventures extraordinaires.

Au mois d'août 1659, Des Groseilliers propose à Radisson de l'accompagner dans un long périple vers les Pays d'en Haut, c'est-à-dire la région des

Grands Lacs. Il veut se rendre jusqu'à l'ouest du lac Supérieur, là où aucun Blanc n'est encore allé, pour marchander des fourrures avec différentes nations autochtones.

À cette époque, le commerce des fourrures, ou pelleterie, est l'activité principale de la colonie. Les peaux de castor sont très populaires en France.

Chacun veut gagner le plus d'argent possible, y compris le gouverneur de Trois-Rivières, qui impose toutes sortes de conditions aux deux voyageurs impatients.

Excédés, Radisson et Des Groseilliers décident de partir en cachette la nuit. Ils se joignent à un groupe d'Algonquins qui voyagent dans la même direction.

La route est périlleuse, et les deux associés doivent combattre des Iroquois aux côtés de leurs compagnons. La bravoure est une qualité appréciée chez les peuples amérindiens.

Leur bonne connaissance des mœurs autochtones aide les deux coureurs des bois à tisser des liens auprès des différentes tribus avec lesquelles ils

veulent faire la traite. Tout un jeu de marchandage prend place. Les Blancs offrent armes, casseroles et autres biens désirables, en échange des précieuses peaux.

Radisson et Des Groseilliers passent l'hiver avec les Amérindiens. La couche de neige est si épaisse que les proies se font rares et la famine s'installe. Plus de 500 Autochtones de la région périssent.

Les deux beaux-frères en réchappent, mais ils sont très amaigris. Les Indiens imaginent qu'ils ont sûrement de grands pouvoirs pour avoir survécu et ils les traitent avec crainte et respect.

Au printemps, les associés ont la chance d'assister à la grande fête des Morts à laquelle sont conviées une vingtaine de nations différentes.

C'est une occasion en or de nouer des alliances et de faire des affaires. Cadeaux et promesses sont échangés.

En août 1660, Radisson et Des Groseilliers rentrent chez eux à la tête d'une flotte d'une centaine de canots chargés de fourrures. Une bien mauvaise

surprise les attend. L'impôt qu'on veut prélever sur la valeur de leur butin grugerait une très grosse part de leurs profits!

Les deux marchands décident donc d'aller se défendre
directement auprès du roi, en France. Ils gagnent leur
cause, mais les règles imposées leur semblent de plus

en plus injustes. Les deux beaux-frères en viennent à penser que d'autres alliances pourraient être plus avantageuses.

Pour Radisson, une nouvelle époque commence alors. À partir de là, il exploitera surtout ses qualités de navigateur et d'habile commerçant. Changeant d'allégeance, lui et Des Groseilliers convainquent

des investisseurs anglais de fonder la Compagnie de la Baie d'Hudson en 1670. Cette entreprise va entretenir au fil des siècles un commerce florissant basé au départ sur la traite des fourrures.

Au gré des guerres et des alliances, Radisson change plusieurs fois de camp. D'abord coureur des bois en Nouvelle-France, il explore et marchande ensuite pour les Anglais dans la baie d'Hudson, puis pour les

Français, pour revenir finalement en Angleterre. Son parcours est souvent difficile à suivre. Était-il un traître ou simplement un homme d'action de son époque, habile et hardi, qui a su s'adapter aux circonstances?

Pierre-Esprit Radisson s'éteint en 1710 à Londres.
Après une jeunesse tumultueuse, on dit qu'à la fin de
sa vie il menait une existence paisible de gentleman.

S'ennuyait-il parfois de la vie aventureuse de coureur des bois? des grands espaces? des Amérindiens qu'il a côtoyés et de qui il a tant appris?

Ce livre a été imprimé sur du papier contenant 100 %
de fibres recyclées postconsommation, certifié Écolo-Logo
et Procédé sans chlore et fabriqué à partir d'énergie biogaz.